KB203330

# 밀교도상 연구 I

## (佛과 菩薩)

한국밀교
문화총서 26

# 밀교도상 연구 I
## (佛과 菩薩)

대한불교진각종
한국밀교문화총람사업단

# 간행사

한국밀교문화총람 진언분과에서는 밀교의 핵심이라고 할 수 있는 진호국가와 문두루법, 금강계만다라삼십칠존연구, 밀교도상연구와 같은 역사적인 사업을 연구하고 정리하였다.

먼저 진호국가와 문두루법은 국가수호를 위한 기도법으로 중국에서 이루어진 치병목적의 문두루법과 다르다는 것을 밝히기 위한 것이다. 특히 문두루법의 행법을 관련 경전을 근간으로 복원하고, 시연까지 진행하였다. 이것은 우리나라 불교사에서 신라시대이래 고려시대를 거쳐서 조선초기까지 작행되었던 것을 복원하였다는데 의미를 가지고 있다. 호마의 기도원리 중에서 식재와 항복의 의미를 가진 문두루기도법의 복원과 시연은 한국밀교의 역사에서 매우 뜻 깊은 일이다.

다음으로 금강계만다라삼십칠존연구는 우주적 원리를 형상과 문자와 상징을 통해서 구현한 것으로 불보살과 일체화를 이루는 관정, 그들의 행위를 역동적인 행법으로 구현한 염송차제를 밝히기 위한 연구이다. 여기서는 만다라의 제존상을 도화하여 존상의 활용영역을 높였으며, 금강계만다라 삼십칠존을 조성하여 도록화 함으로써 한국에서 유래를 찾아 볼 수 없는 존상의 다양화와 입체적 도록을 완성하게 되었다.

밀교도상연구는 직접 도화한 존형과 삼매야형을 불과 보살, 천신과 명왕으로 분류하여 도록을 완성하였다.

그 중에서 밀교도상연구는 신수대장경 도상부를 근간으로 불화를 전공한 연구원들이 직접 도화하였다.

도상부 전체를 도화하는 것을 목표로 연구를 진행하였으나 여러모로 사정이 여의치 않아 중간에 도화를 종료하였고, 그 일부의 도화자료들은 밀교문화전시관에 전시되어 있다. 채색을 하지 않고, 섬세한 선만으로 도화된 이 작품들은 앞으로 다양한 분야에 활용될 것이며, 문화적 가치를 가지게 될 것이다.

그것은 단순히 도화의 인용이 아닌 직접 연구원들의 능력에 따라서 도화된 개성적 작품이기 때문이다.

그리고 저본에 보이지 않는 부분들은 연구원들의 통찰력과 사고력으로 보완하였으며, 많은 연구원들이 동원되었기 때문에 개개의 도상마다 개성을 가지고 있다.

금번 발간되는 밀교도상연구는 많은 도상가운데 선별하여 불·보살편과 명왕·천신편의 2권으로 나누어 편찬하였다.

끝으로 연구를 담당한 허일범교수와 도화를 맞아준 황지오연구원에게 감사의 뜻을 전한다.


2019년 4월 30일

회성 김봉갑

# 머리말

만다라를 구성하는 요소 중에서 불과 보살, 그리고 명왕과 천신들은 매우 중요한 역할을 담당한다. 이 존격들은 만다라의 성격을 규정하는 결정적인 역할을 하고, 불보살의 교설을 표상화하는 방편이 된다. 만다라에서 불은 불도의 체가 되어 보살들과 명왕이 활동할 수 있는 원동력을 제공한다. 그 힘은 보살과 명왕의 자비와 지혜로써 중생들을 만다라의 세계로 섭입한다. 그리고 천신은 대부분 만다라를 수호하는 수호존의 역할을 한다.

그들의 형상이나 지물, 종자 등은 시각적으로 불보살을 접할 수 있게 하는 표현방식이다. 그들의 형상과 활동상은 수행의 길잡이가 되며, 실지성취의 직로를 제시한다.

흔히 경전이라고 하면 이해하기 어려운 교리나 엄격한 계율 등을 담고 있는 것으로 생각하기 쉽다. 그러나 중기, 후기불교시대에 이르면 다양한 의식이나 수행방법이 등장한다. 여기서 주목해야할 것은 시각, 청각 등의 감각기관까지도 총동원하여 중생들의 실지를 성취시키려고 했던 밀교적 경전들의 등장이다. 이와 같은 시대적 흐름 속에서 다양한 존격과 만다라가 나타난다.

여기서 만다라를 구성하는 불보살과 명왕, 천신들은 집단을 구성할 때 부족적 개념으로 전개되었다. 그것은 수 많은 경전들 속에서 나름대로의 역할을 담당하고 있던 제존들이 어떤 하나의 밀교적 성격을 띤 경전이 성립함에 따라서 집단을 형성하게 된 것이다.

이와 같이 불교경전에서 불보살과 명왕, 천신들이 부족집단을 형성하게 된 것은 경전의 전개과정에서 나타난 필연적인 현상이다.

그리고 이들 부족들은 구심점이 되는 부주를 중심으로 하여 집단을 이루게 되었다. 여기서 부주들은 부족의 수장이 되어 부족원들을 통솔하며, 각각의 서원을 취합하여 만다라 전체의 성격에 맞도록 활동한다. 예를 들면 관음의 부족들은 관세음보살의 자비, 금강수보살은 지혜의 서원을 나타낸다. 또한 그들은 만다라 전체가 의미하는 진리의 세계를 표상화하는 역할을 하게 되었다.

금번에 편찬되는 밀교도상연구는 밀교의 경전들과 만다라에 등장하는 제존들을 도상화하고, 분류하여 도록으로 편찬한 것이다. 이 도록에는 많은 작품들이 수록되어 있으며, 그것은 어느 나라의 불교계에서도 그 유래를 찾아 볼 수 없는 것이다.

　앞으로 도록을 활용한 많은 연구가 이루어지기를 바라며, 문화적 사업에 널리 활용되기를 기대한다.

# 밀교도상 연구 I · 佛과 菩薩

간행사 | 회성                                              5

머리말 | 한국밀교문화총람사업단                            7


# 佛                                                      11



# 菩薩                                                    69


佛과 菩薩 찾아보기                                        432

佛

개부화왕여래開敷華王如來

금강계대일金剛界大日

남방개부화왕여래 南方開敷華王王如來

다마라벽지불 多摩羅辟支佛

대일여래大日如來
대일여래大日如來

대일여래大日如來
대일여래大日如來

동방보당여래 東方寶幢如來

륜폭벽지불 輪輻辟支佛

무동불無動佛

무량수여래無量壽如來

미륵만다라彌勒曼茶羅

바가범 무량광여래 薄伽梵無量光如來

바가범 무량광여래 婆伽梵無量光如來

바가범보생여래薄伽梵寶生如來

바가범보생여래薄伽梵寶生如來

바가범보생여래 婆伽梵寶生如來

바가범불공성취여래 薄伽梵不空成就如來

23

바가범 불공성취여래薄伽梵不空成就如來

바가범 불공성취여래婆伽梵不空成就如來

바가범비로자나여래婆伽梵毘盧遮羅如來
바가범비로자나여래薄伽梵毘盧遮那如來

바가범비로자나여래 薄伽梵毘盧遮那如來

바가범아미타여래 薄伽梵阿彌陀如來

바가범아축비여래薄伽梵阿閦鞞如來

바가범아축비여래薄伽梵阿閦鞞如來

바가범아축여래 婆伽梵阿閦如來

보당불 寶幢佛

보당불寶幢佛
보당여래寶幢如來

보생불寶生佛

보폭벽지불寶輻辟支佛

불공성취여래不空成就如來

비로자나여래毘盧遮那如來

비로자나여래毘盧遮那如來

사벽지불四辟支佛

서방무량광여래西方無量光如來

석가釋迦

석가釋迦
석가釋迦

석가모니불釋迦牟尼佛

석가모니불, 2시자釋迦牟尼佛, 二侍者

석가여래釋迦如來

선명칭길상왕여래善名稱吉祥王如來

아미타阿彌陀

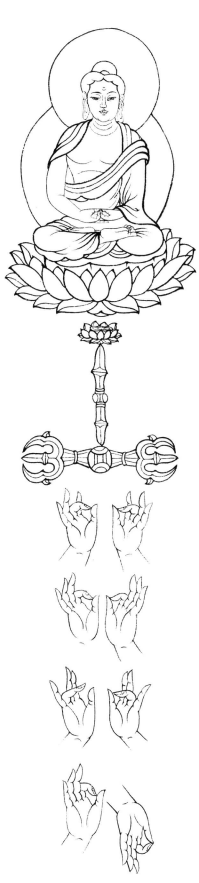

아미타阿彌陀
아미타阿彌陀

아미타만다라阿彌陀曼茶羅

아미타불阿彌陀佛
아미타여래阿彌陀如來

아미타여래 阿彌陀如來

아미타여래阿彌陀如來
금강살타金剛薩埵
금강보보살金剛寶菩薩
금강법보살金剛法菩薩
갈마보살羯磨菩薩

아축阿閦

아축여래阿閦如來

得不退轉 發菩提心 薩摩隆畢 持念之人 阿閦如來 東方化主 菩提心門 是金剛部

아축여래阿閦如來

약사藥師

약사藥師

약사여래藥師如來
약사여래藥師如來

49

어성벽지불語聲辟支佛

전단향벽지불栴檀香辟支不

전단향벽지불梅檀香辟支佛

정광불定光佛

천고뢰음여래 天鼓雷音如來

천고뢰음여래 天鼓雷音如來

천고뢰음여래天鼓雷音如來

태장대일胎藏大日

현겁천불賢劫千佛

현겁천불賢劫千佛

현생여래賢生如來

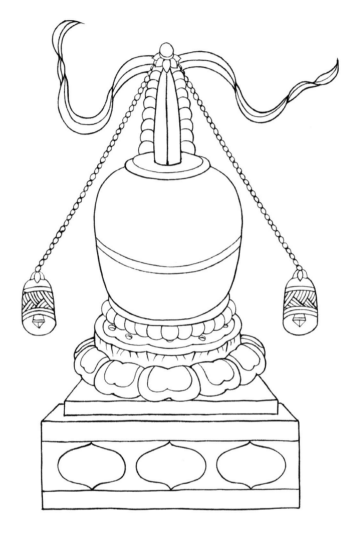

개부화왕여래인開敷華王如來印

미륵彌勒

미륵彌勒

미륵彌勒

바가범무량광여래薄伽梵無量光如來

바가범보생여래薄伽梵寶生如來

바가범불공성취여래薄伽梵不空成就如來

바가범불공성취여래婆伽梵不空成就如來

바가범비로자나여래薄伽梵毘盧遮那如來

바가범아축비여래薄伽梵阿閦鞞如來

비로자나毘盧遮那

비로자나毘盧遮那

서방무량수西方無量壽

석가모니불釋迦牟尼佛

석가불釋迦佛

아미타여래인阿彌陀如來印

아미타여래인阿彌陀如來印

여래如來

아축阿閦

아축阿閦

# 菩薩

가의륜加意輪

가의륜加意輪

가지심보살加持心菩薩
각오일체법평등인覺悟一切法平等印

갈마바라밀보살磨波羅蜜菩薩

견고심심보살堅固深心菩薩

견고의보살堅固意菩薩

견고의보살, 3시자堅固意菩薩, 三侍者

계리걸라금강計里乞羅金剛
계바라밀戒波羅蜜

고불정高佛頂

고승불정高勝佛頂

공발의전륜보살共發意轉輪菩薩

공양보살供養菩薩

공양운해供養雲海

공작왕모보살孔雀王母菩薩

관음보살觀音菩薩

관자재보살觀自在菩薩

관자재보살觀自在菩薩

관자재보살觀自在菩薩

관자재보살觀自在菩薩

관자재보살觀自在菩薩

관자재보살觀自在菩薩

관자재보살觀自在菩薩

관자재보살觀自在菩薩

관정보살灌頂菩薩

광망동자보살光網童子菩薩

광망보살 光網菩薩
광망보살 光網菩薩

광취불정光聚佛頂

광취불정光聚佛頂

교리보살僑履菩薩

금강가보살金剛歌菩薩

금강가보살金剛歌菩薩

금강가보살金剛歌菩薩

금강가보살金剛歌菩薩

금강구金剛鉤

금강구녀보살金剛鉤女菩薩

금강구보살金剛鉤菩薩

금강구보살金剛鉤菩薩

금강구보살金剛鉤菩薩

금강구보살金剛鉤菩薩

금강군다리보살金剛軍茶利菩薩

금강권보살金剛拳菩薩

금강권보살金剛拳菩薩

금강권보살金剛拳菩薩

금강당보살金剛幢菩薩
금강당보살金剛幢菩薩

금강당보살金剛幢菩薩

금강도향보살金剛塗香菩薩
금강도향보살金剛塗香菩薩

금강도향보살金剛塗香菩薩

금강도향보살金剛塗香菩薩

금강등보살金剛燈菩薩

금강등보살金剛燈菩薩

금강등보살金剛燈菩薩

금강등보살金剛燈菩薩

금강령보살 金剛鈴菩薩

금강령보살 金剛鈴菩薩

금강륜보살金剛輪菩薩

금강륜보살金剛輪菩薩

금강륜지금강보살金剛輪持金剛菩薩

금강만보살金剛鬘菩薩

금강만보살金剛鬘菩薩

금강만보살金剛鬘菩薩

금강만보살金剛鬘菩薩

금강무보살金剛舞菩薩

금강무보살金剛舞菩薩

금강무보살金剛舞菩薩

금강무보살金剛舞菩薩

금강바라밀보살金剛波羅蜜菩薩

금강바라밀보살金剛波羅密菩薩

금강보살金剛菩薩

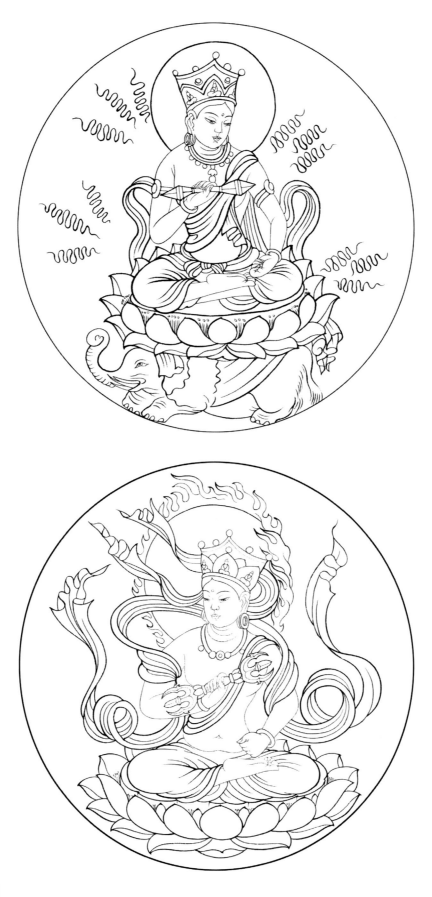

금강살타金剛薩埵

금강살타金剛薩埵

금강살타金剛薩埵

금강살타金剛薩埵

금강살타金剛薩埵

금강살타보살金剛薩埵菩薩

금강살타보살金剛薩埵菩薩

금강살타혜인金剛薩埵慧印

금강색보살金剛索菩薩

금강색보살金剛索菩薩

금강색보살金剛索菩薩

금강소향보살金剛燒香菩薩

금강소향보살金剛燒香菩薩

금강소향보살金剛燒香菩薩

금강소향보살金剛燒香菩薩

금강쇄金剛鎖

금강쇄보살金剛鎖菩薩

금강수보살金剛手菩薩

금강수보살金剛手菩薩

금강수보살金剛手菩薩

금강수보살, 사자金剛手菩薩, 使者

금강수심보살金剛隨心菩薩
금강수지금강金剛手持金剛

금강아보살金剛牙菩薩

금강아보살金剛牙菩薩

금강아보살金剛牙菩薩

금강업보살金剛業菩薩

금강연金剛蓮

금강예보살金剛銳菩薩

금강왕보살金剛王菩薩

금강장보살金剛將菩薩

금강장보살金剛藏菩薩

금강장보살金剛將菩薩

금강장보살金剛將菩薩

금강종족생보살金剛種族生菩薩

127

금강종족생보살金剛種族生菩薩

금강지보살金剛持菩薩

금강침보살金剛針菩薩

금강침보살金剛針菩薩

금강침보살金剛針菩薩

금강호金剛護

금강화보살金剛華菩薩

금강화보살金剛華菩薩

금강화보살金剛華菩薩

금강화보살金剛華菩薩

금당화보살金剛華菩薩

금강희보살金剛喜菩薩

금강희보살金剛喜菩薩

금강희보살金剛喜菩薩

길상보살吉祥菩薩

다라보살多羅菩薩

다라보살多羅菩薩

다라보살多羅菩薩

다라보살, 2사자多羅菩薩, 二使者

다라보살, 2시자多羅菩薩, 二侍者

137

단바라밀檀波羅蜜

대길변보살大吉變菩薩

대길상대명보살大吉祥大明菩薩

대길상명보살大吉祥明菩薩

대길상보살大吉祥菩薩

대력금강보살大力金剛菩薩·적신금강보살赤身金剛菩薩·노신금강보살怒身金剛菩薩·군다리보살軍茶利金剛菩薩

대명백신보살大明白身菩薩

대성취길상보살大成就吉祥菩薩

대세지大勢至

대세지大勢至

대세지보살大勢至菩薩

대세지보살大勢至菩薩

대수구보살大隨求菩薩

대수구보살大隨求菩薩

대수구보살大隨求菩薩
대수구보살大隨求菩薩

145

대수길상大水吉祥(수대승水大勝)

대승금강大勝金剛

대승금강大勝金剛

대승금강大勝金剛
대승금강大勝金剛

대승금강大勝金剛

대승금강大勝金剛

대안락불공금강삼매진실보살大安樂不空金剛三昧眞實菩薩

대애락보살大愛樂菩薩

대애락보살, 시자大愛樂菩薩, 侍者

대용맹보살大勇猛菩薩

대자출초보살大慈出超菩薩

대자출초보살, 2시자大慈出超菩薩, 二侍者

대전륜불정大轉輪佛頂

대정진보살大精進菩薩

대정진보살大精進菩薩

대정진보살大精進菩薩

155

대탑길상보살大塔吉祥菩薩

도향보살塗香菩薩

득대세지보살得大勢至菩薩

락기슬명대결호보살落起瑟名大結護菩薩

력바라밀 力波羅蜜

리희륜보살 離戲輪菩薩

마두馬頭

마두馬頭

마두관세음보살馬頭觀世音菩薩

마두馬頭

마두관음馬頭觀音

마두관음馬頭觀音

마두관음馬頭觀音

마두관음馬頭觀音

마두관음馬頭觀音

마두보살馬頭菩薩

마두보살만다라馬頭菩薩曼茶羅

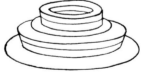

마명보살馬鳴菩薩

만다라보살曼茶羅菩薩

만수실리보살曼殊室利菩薩

만자卍字

망명보살網明菩薩

망명보살網明菩薩
망명보살網明菩薩

명칭보살名稱菩薩(집금강명개보살執金剛名開菩薩)

모진아부저보살慕診我嚩底菩薩

묘견妙見

묘견妙見
묘견妙見

묘견妙見

묘견妙見

묘견妙見

묘견妙見

묘견妙見

묘견妙見

묘견妙見

묘견만다라妙見曼茶羅

묘견만보살妙見曼菩薩

묘길상보살, 2시자妙吉祥菩薩, 二侍者

묘당보살妙幢菩薩

무구광보살無垢光菩薩

무구서보살無垢逝菩薩

무구혜보살, 2시자無垢慧菩薩, 二侍者

무량광보살無量光菩薩

무량광보살無量光菩薩
무량광보살無量光菩薩

무량성불정 無量聖佛頂

무량음성불정 無量音聲佛頂

무진의보살無盡意菩薩
무진의보살無盡意菩薩

무진의보살無盡意菩薩

문수보살文殊菩薩

문수보살文殊菩薩

문수보살文殊菩薩

문수사리보살文殊師利菩薩

문수사리보살文殊師利菩薩

문수사리보살文殊師利珇薩
문수사리보살文殊師利菩薩

문수사리보살文殊師利菩薩

문수사리보살文殊師利菩薩

문수사리보살文殊師利菩薩
미륵보살彌勒菩薩

미륵보살彌勒菩薩

미륵보살彌勒菩薩

미륵보살彌勒菩薩

미륵보살彌勒菩薩

미륵보살彌勒菩薩

미륵보살彌勒菩薩

미륵보살彌勒菩薩
미륵보살彌勒菩薩

미륵보살彌勒菩薩

미륵보살彌勒菩薩

미륵보살彌勒菩薩

미륵보살彌勒菩薩

미륵보살彌勒菩薩

미륵보살彌勒菩薩
미륵보살彌勒菩薩

미륵보살彌勒菩薩

미륵보살彌勒菩薩

미륵보살彌勒菩薩

미륵보살彌勒菩薩

미륵보살彌勒菩薩

반야바라밀般若波羅蜜

반야바라밀보살般若波羅蜜菩薩

반야보살般若菩薩

발생금강부보살發生金剛部菩薩

발생불정發生佛頂

발의전법륜보살發意轉法輪菩薩
방편바라밀方便波羅蜜

백관자재보살白觀自在菩薩

백산개불정白傘蓋佛頂

백산불정 白傘佛頂

백신관세음보살 白身觀世音菩薩

백의白衣

백의관음白衣觀音

백의관자재모보살白衣觀自在母菩薩

백의보살白衣菩薩

백처관자재보살白處觀自在菩薩

법길상法吉祥(법승파불라정밀인法勝波佛羅頂蜜印)

법바라밀보살法波羅密菩薩

변사불정辯事佛頂

변재辯才

보공양보살寶供養菩薩

보관동자보살寶冠童子菩薩

보관보살寶冠菩薩

보광보살寶光菩薩

보바라밀보살寶波羅蜜菩薩

보수보살寶手菩薩

보수보살寶手菩薩

보수보살寶手菩薩

보수보살, 2시자寶手菩薩, 二侍者

보인수보살寶印手菩薩

보인수보살, 2시자寶印手菩薩, 二侍者

보장보살寶掌菩薩

보장보살寶掌菩薩

보장보살, 2시자寶掌菩薩, 二侍者

보장보살, 2시자寶掌菩薩, 二侍者

보처보살寶處菩薩

보처보살, 3시자寶處菩薩, 三侍者

보통불정菩通佛頂

보현보살普賢菩薩

보현보살普賢菩薩

보현보살普賢菩薩

보현보살普賢菩薩

보현보살普賢菩薩

보현보살普賢菩薩

229

보현보살普賢菩薩

보현보살普賢菩薩

보현보살普賢菩薩

보현보살普賢菩薩

보현보살普賢菩薩

보현보살普賢菩薩

보현보살普賢菩薩

보현보살, 2시자普賢菩薩, 二侍者

보현연명普賢延命
보현연명菩賢延命

보현연명普賢延命

부사의혜보살不思議惠菩薩
부사의혜보살不思議慧菩薩

분노구관자재보살忿怒鉤觀自在菩薩

분노월엽보살忿怒月黶菩薩

분노지금강보살忿怒持金剛菩薩

불공견보살不空見菩薩

불공견보살不空見菩薩

불공견보살不空見菩薩

불공견보살不空見菩薩

불공견보살, 2시자不空見菩薩, 二侍者

불공견색不空羂索

불공견색不空羂索

불공견색不空羂索

불공견색不空羂索

불공견색不空羂索

불공견색不空羂索

불공견색不空羂索

불공견색不空羂索

불공견색不空羂索

248

불공견색보살不空羂索菩薩

불공공양보보살不空供養寶菩薩

불공구관자재보살不空鉤觀自在菩薩

불공금강보살不空金剛菩薩

불길상不吉祥(최승불정最勝佛頂)

불안佛眼

불안불모佛眼佛母

비구지보살毘俱胝菩薩

비리구지보살毗哩俱胝菩薩
비민보살悲愍菩薩

비민보살悲愍菩薩

비민보살, 시자悲愍菩薩, 侍者

비발생보살悲發生菩薩

비선윤보살悲旋潤菩薩

비선윤보살, 2시자悲旋潤菩薩, 二侍者

사보살思菩薩

사악도보살捨惡道菩薩

사악도보살, 2시자捨惡道菩薩, 二侍者

사천왕구세관음상四天王救世觀音像

선명칭길상善名稱吉祥

선바라밀禪波羅蜜

선행금강보살善行金剛菩薩

성관음聖觀音

성관음聖觀音

성관음聖觀音

성관음聖觀音

소실지갈라보살蘇悉地羯羅菩薩

소바호보살蘇波胡菩薩

소향보살燒香菩薩

손파보살孫婆菩薩

솔도바대길상보살率堵波大吉祥菩薩

수구불정隨求佛頂

수길상水吉祥(수자재水自在)

수길상보살水吉祥菩薩

수월관음水月觀音

수월관음水月觀音

수자재집금강보살水自在執金剛菩薩

승길상僧吉祥(승법승발인僧法勝鉢印)

승불정勝佛頂

승불정전륜勝佛頂轉輪

승세보살勝世菩薩

시동보살時多菩薩

시무외施無畏(여래무소외如無所畏)

시무외보살施無畏菩薩

시무외보살, 2시자施無畏菩薩, 二侍者

시무외보살施無畏菩薩

시우보살時雨菩薩

시원施願

시추보살時秋菩薩

시춘보살時春菩薩
식재息災

십일면十一面

십일면十一面

278

십일면十一面

십일면관자재보살十一面觀自在菩薩

아리다라보살阿唎多羅菩薩

아미타팔대보살阿彌陀八大菩薩

안혜보살安慧菩薩

안혜보살, 2시자安慧菩薩, 二侍者

애락금강愛樂金剛

야소다라보살耶蘇陀羅菩薩

약사삼존藥師三尊

약사팔대보살藥師八大菩薩

약왕보살藥王菩薩
약왕보살藥王菩薩

여래갑주如來甲冑

여래구如來鉤

여래구如來口

여래권如來拳

여래금강如來金剛

여래금강如來金剛

여래금강如來金剛

여래념처如來念處

여래령탁如來鈴鐸
여래마장如來馬藏

여래민如來敏

여래백如來伯

여래법라如來法螺

여래법륜如來法輪

여래비如來悲

여래사如來捨

여래삭저如來鑠底

여래색如來索

여래생념처보살如來生念處菩薩

여래설如來舌

여래소如來笑

여래심如來心

여래안如來眼

여래어如來語

여래염광如來焰光

여래요如來腰

여래자如來慈
여래정如來頂

여래제如來臍

여래호如來護

여래호如來護

여래호상如來毫相

여래호상如來豪相

여래호상如來豪相(의여래의보疑如來意寶)

여의륜如意輪

여의륜如意輪

여의륜如意輪

여의륜如意輪

여의륜如意輪

여의륜如意輪

여의륜如意輪
여의륜보살如意輪菩薩

연명보살延命菩薩

연화극蓮華戟

연화녀자의보살蓮花女自意菩薩

연화덕蓮華德

연화도蓮華刀
연화라蓮華螺

연화륜蓮華輪

연화모대백관자재보살蓮花母大白觀自在菩薩

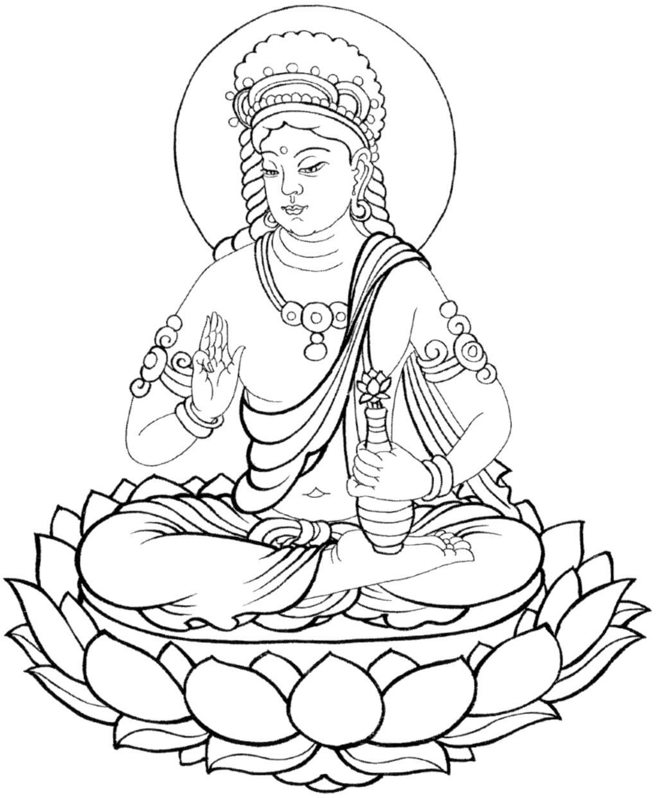

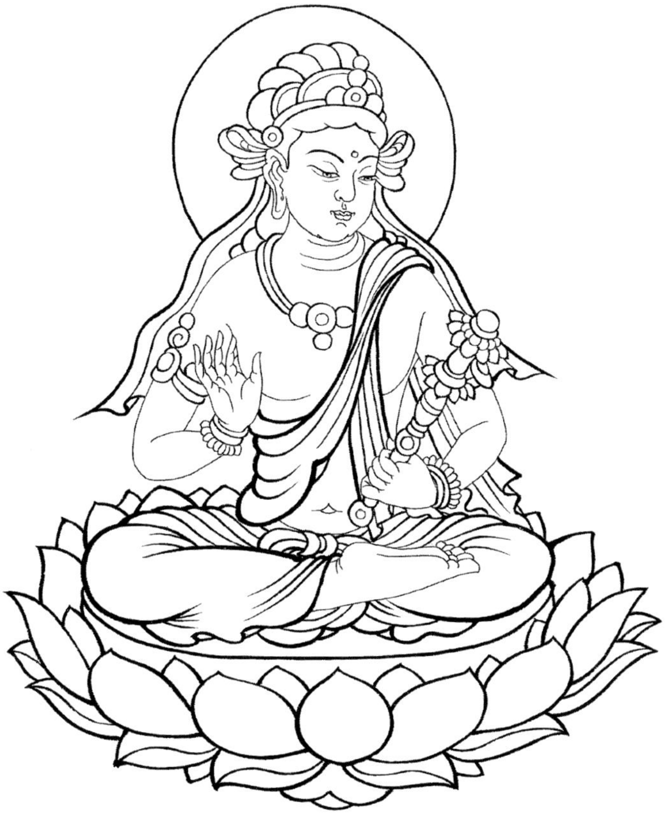

연화병蓮華甁

연화봉蓮華棒

연화부蓮華斧

연화부발생보살蓮華部發生菩薩

연화색蓮華索

연화존蓮華尊

연화탁蓮華鐸

염만덕가보살焰曼德迦菩薩

엽의葉衣

엽의葉衣

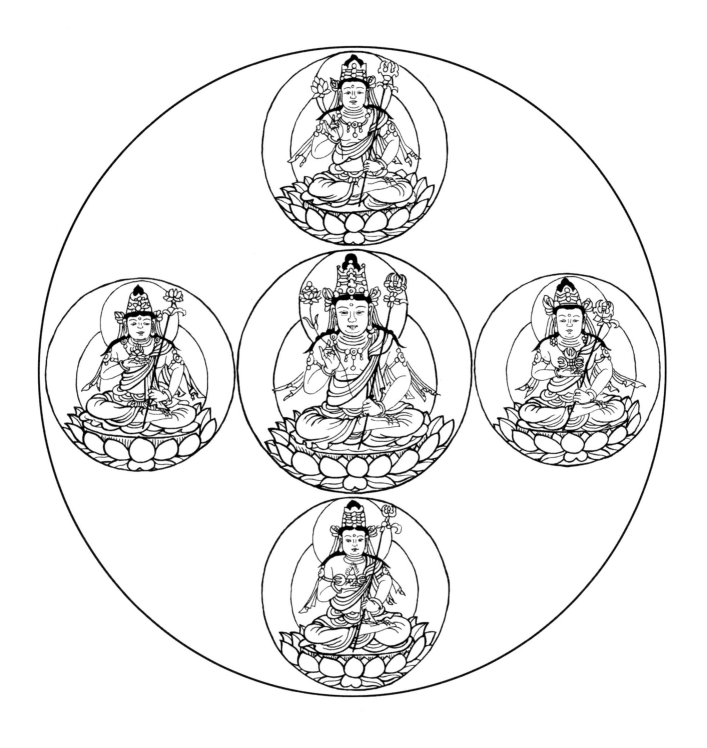

오대허공장보살五大虛空藏菩薩

오비밀五秘密
오비밀五秘密

오자문수五字文殊

오자문수五字文殊

322

오자문수五字文殊

오자문수보살五字文殊菩薩

용수龍樹

용수보살龍樹菩薩

울나미간백호鬱那眉間白毫

원바라밀願波羅蜜

월광보살月光菩薩

월광보살月光菩薩

월광보살月光菩薩

월광보살月光菩薩

월광보살月光菩薩

육자문수六字文殊

의기금강意氣金剛

의생금강意生金剛

인바라밀忍波羅蜜

일계문수一髻文殊

일계문수—髻文殊

일광보살日光菩薩

일백팔비금강장왕보살一百八臂金剛藏王菩薩

일체여래보一切如來寶

일체여래삼매야성취보살一切如來三昧耶成就菩薩

일체여래인一切如來印

자씨보살慈氏菩薩

자씨보살慈氏菩薩
자씨보살慈氏菩薩

자씨보살慈氏菩薩

자처존보살自處尊菩薩

적유명보살寂留明菩薩

적정금강寂靜金剛

적정금강보살寂靜金剛菩薩

전법륜轉法輪

전법륜보살轉法輪菩薩

절제열뇌보살折諸熱惱菩薩

정진바라밀精進波羅密

제개장보살除蓋障菩薩

제개장보살除蓋障菩薩

제개장보살除蓋障菩薩

343

제개장보살除蓋障菩薩

제열뇌보살除熱惱菩薩

제열뇌보살, 2시자際熱惱菩薩, 二侍者

제우암보살除憂暗菩薩

제 우암보살除憂暗菩薩

제 우암보살除憂暗菩薩

제우암보살, 2시자除憂闇菩薩, 二侍者

제일체우명보살除一切憂冥菩薩

제치보살녀권교制致菩薩女拳教 • 발라저가최철鉢囉底訶撮撒 • 도연화비度蓮花婢

주무희론금강보살住無戲論金剛菩薩

주무희론보살住無戲論菩薩

주무희론집금강보살住無戲論金剛菩薩

준지准胝

준지 准胝

준지 准胝

지금강리보살持金剛利菩薩

지금강봉보살持金剛鋒菩薩

지당보살智幢菩薩

지당보살智幢菩薩

지당보살智幢菩薩

지묘금강보살持妙金剛菩薩

지바라밀智波羅蜜

지세보살持世菩薩

지세보살持世菩薩

지세보살持世菩薩

지세보살만다라持世菩薩曼茶羅

지오엽화신持五葉花神

지장地藏

지장地藏
지장地藏

지장보살地藏菩薩

지장보살地藏菩薩

지장보살地藏菩薩

지장보살地藏菩薩

지장보살地藏菩薩

지장보살, 2시자地藏菩薩, 二侍者

지지보살持地菩薩
지지보살持地菩薩

지지보살, 2시자持地菩薩, 二侍者

집금강가외금강보살執金剛可畏金剛菩薩

집금강가외보살執金剛可畏菩薩

집금강가지보살執金剛加持菩薩

집금강광목보살執金剛廣目菩薩

집금강광목보살執金剛廣目菩薩

집금강권보살執金剛拳菩薩

집금강묘저보살執金剛妙杵菩薩(묘금강저보살妙金剛杵菩薩)

집금강쇄보살執金剛鎖菩薩

집금강수보살執金剛手菩薩

집금강장보살執金剛藏菩薩

집금강저금강보살執金剛杵金剛菩薩

집대발절라저보살執大拔折羅杵菩薩

집연화금강보살執蓮華金剛菩薩

집연화발절라보살執蓮華拔折羅菩薩

집연화저보살執蓮花杵菩薩

집연화저보살, 2시자執蓮華杵菩薩, 二侍者

집청금강저보살執青金剛杵菩薩

천비千臂

천비관음千臂觀音

천수千手

천수관음千手觀音

천수관음千手觀音

천수관자재보살千手觀自在菩薩
파소선婆蘇仙·공덕천功德天·공양선供養仙·공양선供養仙

청경관음青頸觀音

청두관음青頭觀音

청정광동자보살清淨光童子菩薩

청정광보살清淨光菩薩

청정혜보살清淨慧菩薩

청정혜보살, 2시자清淨慧菩薩, 二侍者

최쇄불정 摧碎佛頂

최승불정 最勝佛頂

최승불정전륜最勝佛頂轉輪

최일체마보살最一切魔菩薩

최훼불정 摧毀佛頂

출현지보살 出現智菩薩

출현지보살, 2시자出現智菩薩, 二侍者

칠구지불모七俱胝佛母

칠성여의륜七星如意輪

택열지금강보살擇悅持金剛菩薩

파악취보살破惡趣菩薩

팔비불공견색 八臂不空羂索

팔자문수八字文殊

풍재보살豊財菩薩

피엽의被葉衣

피엽의보살披葉衣菩薩

항삼세금강보살降三世金剛菩薩

행혜보살, 2시자行慧菩薩, 二侍者

향상보살香象菩薩

향상보살香象菩薩

향상보살香象菩薩

향왕보살香王菩薩

향왕보살香王菩薩

허공고보살虛空庫菩薩

허공무구금강보살虛空無垢金剛菩薩

허공무구보살虛空無垢菩薩

허공무구보살, 3시자虛空無垢菩薩, 三侍者

허공보집금강보살虛空步執金剛菩薩

허공보집금강보살虛空步執金剛菩薩

허공안虛空眼

허공장보살虛空藏菩薩

허공장보살虛空藏菩薩

허공장보살虛空藏菩薩

허공장보살虛空藏菩薩

허공장보살虛空藏菩薩

허공장보살虛空藏菩薩

허공장보살虛空藏菩薩

허공장보살虛空藏菩薩

허공장보살虛空藏菩薩

허공장보살虛空藏菩薩

허공장보살虛空藏菩薩

허공혜보살虛空慧菩薩

허공혜보살, 2시자虛空慧菩薩, 二侍者

현호보살賢護菩薩

현호보살賢護菩薩

견고의락보살堅固意樂菩薩

견고의락보살堅固意樂菩薩

관음보살모인觀音菩薩母印

관자재觀自在

관자재觀自在

금강장보살金剛藏菩薩

다라보살인 多羅菩薩印

다라보살인 多羅菩薩印

대정진보살大精進菩薩

대혜보살大慧菩薩

412

망명보살網明菩薩

묘혜보살妙慧菩薩

무량광보살無量光菩薩

문수文殊

문수文殊

미륵보살彌勒菩薩

415

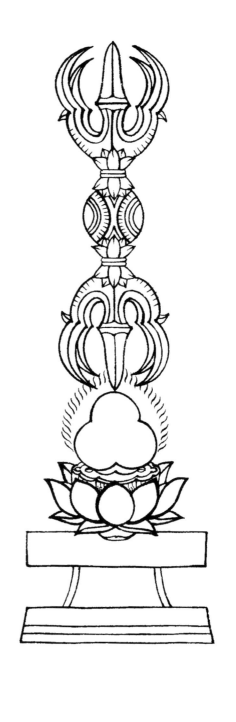

보수보살寶手菩薩

보인수보살寶印手菩薩

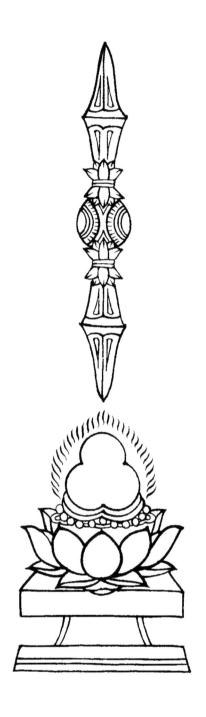

보인수보살寶印手菩薩

보저보살寶杵菩薩

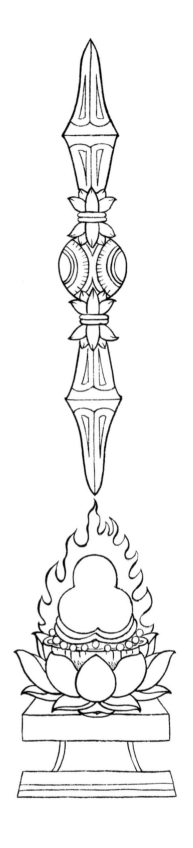

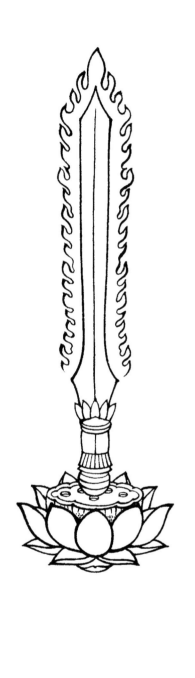

보저보살寶杵菩薩

보현普賢

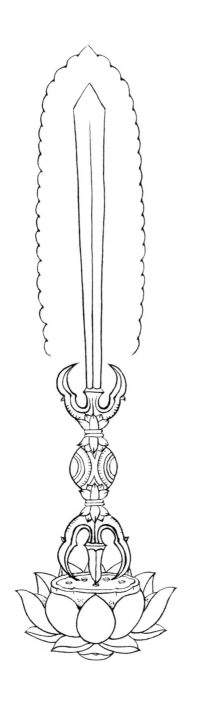

보현普賢

보현보살普賢菩薩

보현보살普賢菩薩

불공견보살不空見菩薩

불공견보살不空見菩薩

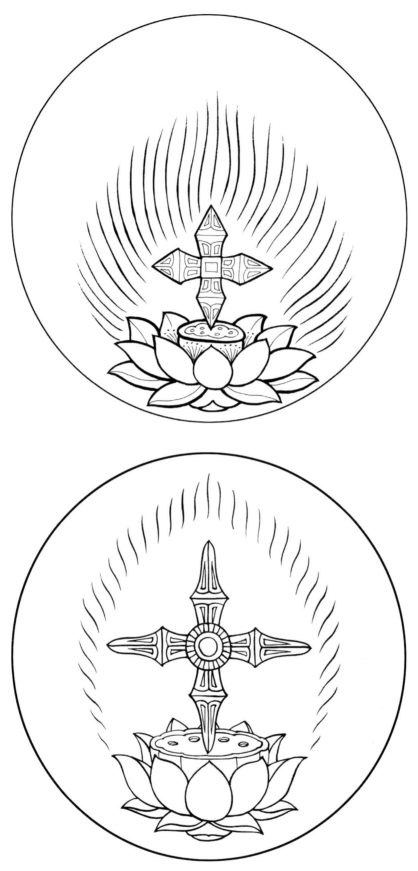

불공견보살不空見菩薩

불공견보살不空見菩薩

월광보살月光菩薩

제개장보살除蓋障菩薩

제우암보살除憂闇菩薩

지당보살智幢菩薩

지장地藏

지적보살智積菩薩

지지보살持地菩薩
지지보살持地菩薩

지지보살持地菩薩

지지보살持地菩薩

427

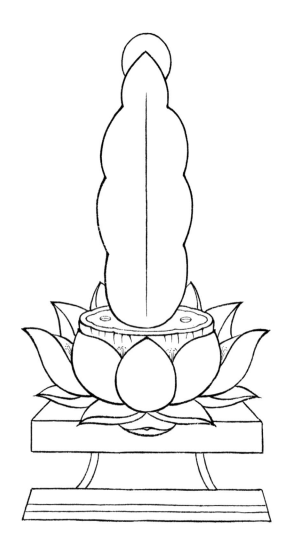

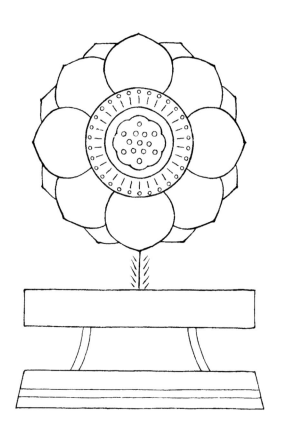

천수천안千手千眼

청정혜보살清淨慧菩薩

향상보살香象菩薩

향상보살香象菩薩

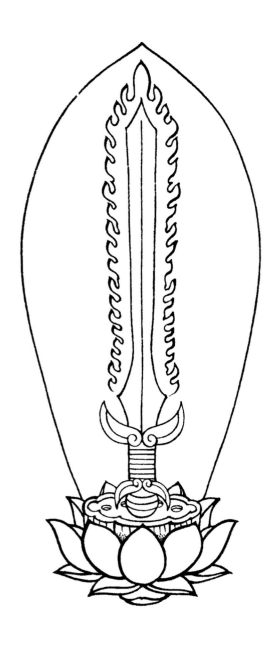
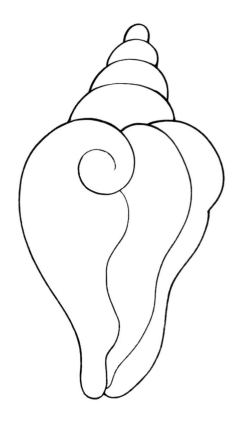

허공혜보살虛空慧菩薩

허공혜보살虛空慧菩薩

현호보살賢護菩薩

## 佛과 菩薩 찾아보기

# 佛

갈마보살羯磨菩薩 45

개부화왕여래開敷華王如來 13

개부화왕여래인開敷華王如來印 56

금강계대일金剛界大日 13

금강법보살金剛法菩薩 45

금강보보살金剛寶菩薩 45

금강살타金剛薩埵 45


남방개부화왕여래南方開敷華王王如來 14


다마라벽지불多摩羅辟支佛 14

대일여래大日如來 15, 16

동방보당여래東方寶幢如來 17


륜폭벽지불輪輻辟支佛 17


무동불無動佛 18

무량수여래無量壽如來 19

미륵彌勒 56, 57

미륵만다라彌勒曼荼羅 20


바가범무량광여래薄伽梵無量光如來 21, 58

바가범보생여래薄伽梵寶生如來 22, 23, 58

바가범불공성취여래薄伽梵不空成就如來 23, 24, 59

바가범비로자나여래薄伽梵毘盧遮那如來 25, 26, 60

바가범아미타여래薄伽梵阿彌陀如來 26

바가범아축비여래薄伽梵阿閦鞞如來 27, 60

바가범아축여래婆伽梵阿閦如來 28

보당불寶幢佛 28, 29

보당여래寶幢如來 29

보생寶生 61

보생불寶生佛 30

보폭벽지불寶輻辟支佛 30

북방고음성여래北方鼓音聲如來 31

불공성취不空成就 61

불공성취불不空成就佛 31

불공성취여래不空成就如來 32

비로자나毘盧遮那 62

비로자나여래毘盧遮那如來 32, 33


사벽지불四辟支佛 34

상방비로자나여래上方毘盧遮那如來 35

서방무량광여래西方無量光如來 36

서방무량수西方無量壽 63

석가釋迦 36, 37

석가모니불釋迦牟尼佛 38, 63

석가모니불, 2시자釋迦牟尼佛, 二侍者 39

석가불釋迦佛 64

석가여래釋迦如來 39

선명칭길상왕여래善名稱吉祥王如來 40


아미타阿彌陀 40, 41

아미타만다라阿彌陀曼荼羅 42

아미타불阿彌陀佛 43

아미타여래阿彌陀如來 43~45

아미타여래인阿彌陀如來印 64, 65

아축阿閦 46, 66, 67

아축여래阿閦如來 46, 47

약사藥師 48

약사여래藥師如來 49

어성벽지불語聲辟支佛 50

여래如來 65


전단향벽지불栴檀香辟支不 50, 51

정광불定光佛 51


천고뢰음여래天鼓雷音如來 52, 53


태장대일胎藏大日 53


현겁천불賢劫千佛 54

현생여래賢生如來 55

# 菩薩

가의륜加意輪 71

가지심보살加持心菩薩 72

각오일체법평등인覺悟一切法平等印 72

갈마바라밀보살磨波羅蜜菩薩 73

견고심심보살堅固深心菩薩 73

견고의락보살堅固意樂菩薩 408

견고의보살堅固意菩薩 74

견고의보살, 3시자堅固意菩薩, 三侍者 74

계리걸라금강計里乞羅金剛 75

계바라밀戒波羅蜜 75

고불정高佛頂 76

고승불정高勝佛頂 76

공발의전륜보살共發意轉輪菩薩 77

공양보살供養菩薩 77

공양운해供養雲海 78

공작왕모보살孔雀王母菩薩 78

관음보살觀音菩薩 79

관음보살모인觀音菩薩母印 409

관자재觀自在 409, 410

관자재보살觀自在菩薩 80~83

관정보살灌頂菩薩 84

광망동자보살光網童子菩薩 84

광망보살光網菩薩 85

광취불정光聚佛頂 86

교리보살憍履菩薩 87

금강가보살金剛歌菩薩 87~89

금강구金剛鉤 89

금강구녀보살金剛鉤女菩薩 90

금강구보살金剛鉤菩薩 90~92

금강군다리보살金剛軍茶利菩薩 92

금강권보살金剛拳菩薩 93, 94

금강당보살金剛幢菩薩 95, 96

금강도향보살金剛塗香菩薩 97, 98

금강등보살金剛燈菩薩 99, 100

금강령보살金剛鈴菩薩 101

금강륜보살金剛輪菩薩 102

금강륜지금강보살金剛輪持金剛菩薩 103

금강만보살金剛鬘菩薩 104, 105

금강무보살金剛舞菩薩 106, 107

금강바라밀보살金剛波羅密菩薩 108

금강보살金剛菩薩 109

금강살타金剛薩埵 110~112

금강살타보살金剛薩埵菩薩 113

금강살타혜인金剛薩埵慧印 114

금강색보살金剛索菩薩 114, 115

금강소향보살金剛燒香菩薩 116, 117

금강쇄金剛鎖 118

금강쇄보살金剛鎖菩薩 118

금강수보살金剛手菩薩 119, 120

금강수보살, 사자金剛手菩薩, 使者 120

금강수심보살金剛隨心菩薩 121

금강수지금강金剛手持金剛 121

금강아보살金剛牙菩薩 122, 123

금강업보살金剛業菩薩 123

금강연金剛蓮 124

금강예보살金剛銳菩薩 124

금강왕보살金剛王菩薩 125

금강장보살金剛將菩薩 125~127

금강장보살金剛藏菩薩 126, 410

금강종족생보살金剛種族生菩薩 127, 128

금강지보살金剛持菩薩 128

금강침보살金剛針菩薩 129, 130

금강호金剛護 130

금강화보살金剛華菩薩 131~133

금강희보살金剛喜菩薩 133, 134

금당화보살金剛華菩薩 133

길상보살吉祥菩薩 135


다라보살多羅菩薩 135, 136

다라보살, 2사자多羅菩薩, 二使者 137

다라보살인多羅菩薩印 411

단바라밀檀波羅蜜 138

대길변보살大吉變菩薩 138

대길상대명보살大吉祥大明菩薩 139

대길상명보살大吉祥明菩薩 139

대길상보살大吉祥菩薩 140

대력금강보살大力金剛菩薩·적신금강보살赤身金剛菩薩·노신금강보살怒身金剛菩薩·군다리보살軍茶利金剛菩薩 140

대명백신보살大明白身菩薩 141

대성취길상보살大成就吉祥菩薩 141

대세지大勢至 142

대세지보살大勢至菩薩 143

대수구보살大隨求菩薩 144, 145

대수길상大水吉祥(수대승水大勝) 146

대승금강大勝金剛 146~150

대안락불공금강삼매진실보살大安樂不空金剛三昧眞實菩薩 151

대애락보살大愛樂菩薩 151

대애락보살, 시자大愛樂菩薩, 侍者 152

대용맹보살大勇猛菩薩 152

대자출초보살大慈出超菩薩 153

대자출초보살, 2시자大慈出超菩薩, 二侍者 153

대전륜불정大轉輪佛頂 154

대정진보살大精進菩薩 154, 155, 412

대탑길상보살大塔吉祥菩薩 156

대혜보살大慧菩薩 412

도향보살塗香菩薩 156

득대세지보살得大勢至菩薩 157


락기슬명대결호보살落起瑟名大結護菩薩 157

력바라밀力波羅蜜 158

리희륜보살離戲輪菩薩 158


마두馬頭 159, 160

마두관음馬頭觀音 161~164

마두관세음보살馬頭觀世音菩薩 160

마두보살馬頭菩薩 165

마두보살만다라馬頭菩薩曼茶羅 165

마명보살馬鳴菩薩 166

만다라보살曼茶羅菩薩 167

만수실리보살曼殊室利菩薩 167

만자卍字 168

망명보살網明菩薩 168, 169, 413

명칭보살名稱菩薩(집금강명개보살執金剛名開菩薩) 170

모진아부저보살慕診我嚩底菩薩 170

묘견妙見 171~178

묘견만다라妙見曼茶羅 179

묘견만보살妙見曼菩薩 180

묘길상보살, 2시자妙吉祥菩薩, 二侍者 181

묘당보살妙幢菩薩 182

묘혜보살妙慧菩薩 413

무구광보살無垢光菩薩 183

무구서보살無垢逝菩薩 183

무구혜보살, 2시자無垢慧菩薩, 二侍者 184

무량광보살無量光菩薩 184, 185, 414

무량성불정無量聖佛頂　186

무량음성불정無量音聲佛頂　186

무진의보살無盡意菩薩　187, 188

문수文殊　414, 415

문수보살文殊菩薩　188, 189

문수사리보살文殊師利菩薩　190~193

미륵보살彌勒菩薩　193~205, 415


반야바라밀般若波羅蜜　205

반야바라밀보살般若波羅蜜菩薩　206

반야보살般若菩薩　206, 207

발생금강부보살發生金剛部菩薩　208

발생불정發生佛頂　208

발의전법륜보살發意轉法輪菩薩　209

방편바라밀方便波羅蜜　209

백관자재보살白觀自在菩薩　210

백산개불정白傘蓋佛頂　210

백산불정白傘佛頂　211

백신관세음보살白身觀世音菩薩　211

백의白衣　212

백의관음白衣觀音　213

백의관자재모보살白衣觀自在母菩薩　214

백의보살白衣菩薩　214

백처관자재보살白處觀自在菩薩　215

법길상法吉祥(법승파불라정밀인法勝波佛羅頂蜜印)　215

법바라밀보살法波羅密菩薩　216

변사불정辯事佛頂　216

변재辯才　217

보공양보살寶供養菩薩　217

보관동자보살寶冠童子菩薩　218

보관보살寶冠菩薩　218

보광보살寶光菩薩　219

보바라밀보살寶波羅蜜菩薩　219

보수보살寶手菩薩　220, 221, 416

보수보살, 2시자寶手菩薩, 二侍者　221

보인수보살寶印手菩薩　222, 416, 417

보인수보살, 2시자寶印手菩薩, 二侍者　222

보장보살寶掌菩薩　223

보장보살, 2시자寶掌菩薩, 二侍者　224

보저보살寶杵菩薩　417, 418

보처보살寶處菩薩　225

보처보살, 3시자寶處菩薩, 三侍者　225

보통불정菩通佛頂　226

보현普賢　418, 419

보현보살普賢菩薩　226~233, 419, 420

보현보살, 2시자普賢菩薩, 二侍者　234

보현연명普賢延命　235, 236

부사의혜보살不思議惠菩薩　237

분노구관자재보살忿怒鉤觀自在菩薩　238

분노월엽보살忿怒月黶菩薩　238

분노지금강보살忿怒持金剛菩薩　239

불공견보살不空見菩薩　239~241, 421, 422

불공견보살, 2시자不空見菩薩, 二侍者　241

불공견색不空羂索　242~248

불공견색보살不空羂索菩薩　249

불공공양보보살不空供養寶菩薩　249

불공구관자재보살不空鉤觀自在菩薩　250

불공금강보살不空金剛菩薩　250

불길상不吉祥(최승불정最勝佛頂)　251

불안佛眼　251

불안불모佛眼佛母　252

비구지보살毘俱胝菩薩　252

비리구지보살毗哩俱胝菩薩　253

비민보살悲愍菩薩　253, 254

비민보살, 시자悲愍菩薩, 侍者　254

비발생보살悲發生菩薩　255

비선윤보살悲旋潤菩薩　255

비선윤보살, 2시자悲旋潤菩薩, 二侍者　256


사보살思菩薩　256

사악도보살捨惡道菩薩　257

사악도보살, 2시자捨惡道菩薩, 二侍者　257

사천왕구세관음상四天王救世觀音像 258

선명칭길상善名稱吉祥 258

선바라밀禪波羅蜜 259

선행금강보살善行金剛菩薩 259

성관음聖觀音 260, 261

소바호보살蘇波胡菩薩 262

소실지갈라보살蘇悉地羯羅菩薩 262

소향보살燒香菩薩 263

손파보살孫婆菩薩 263

솔도바대길상보살率堵波大吉祥菩薩 264

수구隨求 265

수구불정隨求佛頂 266

수길상水吉祥(수자재水自在) 267

수길상보살水吉祥菩薩 267

수월관음水月觀音 268, 269

수자재집금강보살水自在執金剛菩薩 270

승길상僧吉祥(승법승발인僧法勝鉢印) 270

승불정勝佛頂 271

승불정전륜勝佛頂轉輪 271

승세보살勝世菩薩 272

시동보살時多菩薩 272

시무외施無畏(여래무소외如無所畏) 273

시무외보살施無畏菩薩 273, 275

시무외보살, 2시자施無畏菩薩, 二侍者 274

시우보살時雨菩薩 275

시원施願 276

시추보살時秋菩薩 276

시춘보살時春菩薩 277

식재息災 277

십일면十一面 278~280

십일면관자재보살十一面觀自在菩薩 280


아리다라보살阿唎多羅菩薩 281

아미타팔대보살阿彌陀八大菩薩 282

안혜보살安慧菩薩 283

안혜보살, 2시자安慧菩薩, 二侍者 283

애락금강愛樂金剛 284

야소다라보살耶蘇陀羅菩薩 284

약사삼존藥師三尊 285

약사팔대보살藥師八大菩薩 286

약왕보살藥王菩薩 287

여래갑주如來甲冑 288

여래구如來鉤 288

여래구如來口 289

여래권如來拳 289

여래금강如來金剛 290, 291

여래념처如來念處 291

여래령탁如來鈴鐸 292

여래마장如來馬藏 292

여래민如來敏 293

여래백如來伯 293

여래법라如來法螺 294

여래법륜如來法輪 294

여래비如來悲 295

여래사如來捨 295

여래삭저如來鑠底 296

여래색如來索 296

여래생념처보살如來生念處菩薩 297

여래설如來舌 297

여래소如來笑 298

여래심如來心 298

여래안如來眼 299

여래어如來語 299

여래염광如來焰光 300

여래요如來腰 300

여래자如來慈 301

여래정如來頂 301

여래제如來臍 302

여래호如來護 302, 303

여래호상如來毫相 303, 304

여래호상如來豪相(의여래의보疑如來意寶) 304

여의륜如意輪 305~310

여의륜보살如意輪菩薩 310

연명보살延命菩薩 311

연화극蓮華戟 311

연화녀자의보살蓮花女自意菩薩 312

연화덕蓮華德 312

연화도蓮華刀 313

연화라蓮華螺 313

연화륜蓮華輪 314

연화모대백관자재보살蓮花母大白觀自在菩薩 314

연화병蓮華瓶 315

연화봉蓮華棒 315

연화부蓮華斧 316

연화부발생보살蓮華部發生菩薩 316

연화색蓮華索 317

연화존蓮華尊 317

연화탁蓮華鐸 318

염만덕가보살焰曼德迦菩薩 318

엽의葉衣 319

오대허공장보살五大虛空藏菩薩 320

오비밀五秘密 321

오자문수五字文殊 322, 323

오자문수보살五字文殊菩薩 323

용수龍樹 324

용수보살龍樹菩薩 324

울나미간백호鬱那眉間白毫 325

원바라밀願波羅蜜 325

월광보살月光菩薩 326~328, 423

육자문수六字文殊 329

의기금강意氣金剛 330

의생금강意生金剛 330

인바라밀忍波羅蜜 331

일계문수一髻文殊 331, 332

일광보살日光菩薩 333

일백팔비금강장왕보살一百八臂金剛藏王菩薩 334

일체여래보一切如來寶 335

일체여래삼매야성취보살一切如來三昧耶成就菩薩 335

일체여래인一切如來印 336

자씨보살慈氏菩薩 336~338

자처존보살自處尊菩薩 338

적유명보살寂留明菩薩 339

적정금강寂靜金剛 339

적정금강보살寂靜金剛菩薩 340

전법륜轉法輪 340

전법륜보살轉法輪菩薩 341

절제열뇌보살折諸熱惱菩薩 341

정진바라밀精進波羅蜜 342

제개장보살除蓋障菩薩 342~344, 423

제열뇌보살除熱惱菩薩 344

제열뇌보살, 2시자際熱惱菩薩, 二侍者 345

제우암보살除憂暗菩薩 345, 346, 424

제우암보살, 2시자除憂闇菩薩, 二侍者 347

제일체우명보살除一切憂冥菩薩 347

제치보살녀권교制致菩薩女拳教·발라저가최철鉢囉底訶推撒·도연화비度蓮花婢 348

주무희론금강보살住無戱論金剛菩薩 348

주무희론보살住無戱論菩薩 349

주무희론집금강보살住無戱論金剛菩薩 349

준지准胝 350, 351

지금강리보살持金剛利菩薩 352

지금강봉보살持金剛鋒菩薩 352

지당보살智幢菩薩 353, 354, 424

지묘금강보살持妙金剛菩薩 354

지바라밀智波羅蜜 355

지세보살持世菩薩 355, 356

지세보살만다라持世菩薩曼茶羅 357

지오엽화신持五葉花神 358

지장地藏 358, 359, 425

지장보살地藏菩薩 360~362

지장보살, 2시자地藏菩薩, 二侍者 362

지적보살智積菩薩 425

지지보살持地菩薩 363, 426, 427

지지보살, 2시자持地菩薩, 二侍者 364
집금강가외금강보살執金剛可畏金剛菩薩 364
집금강가외보살執金剛可畏菩薩 365
집금강가지보살執金剛加持菩薩 365
집금강광목보살執金剛廣目菩薩 366
집금강권보살執金剛拳菩薩 367
집금강묘저보살執金剛妙杵菩薩(묘금강저보살妙金剛杵
　菩薩) 367
집금강쇄보살執金剛鎖菩薩 368
집금강수보살執金剛手菩薩 368
집금강장보살執金剛藏菩薩 369
집금강저금강보살執金剛杵金剛菩薩 369
집대발절라저보살執大拔折羅杵菩薩 370
집연화금강보살執蓮華金剛菩薩 370
집연화발절라보살執蓮華拔折羅菩薩 371
집연화저보살執蓮花杵菩薩 371
집연화저보살, 2시자執蓮華杵菩薩, 二侍者 372
집청금강저보살執靑金剛杵菩薩 373

천비千臂 373
천비관음千臂觀音 374
천수千手 375
천수관음千手觀音 375, 376
천수관자재보살千手觀自在菩薩 377
천수천안千手千眼 428
청경관음靑頸觀音 378
청두관음靑頭觀音 379
청정광동자보살淸淨光童子菩薩 380
청정광보살淸淨光菩薩 380
청정혜보살淸淨慧菩薩 381, 428
청정혜보살, 2시자淸淨慧菩薩, 二侍者 381
최쇄불정摧碎佛頂 382
최승불정最勝佛頂 382
최승불정전륜最勝佛頂轉輪 383
최일체마보살最一切魔菩薩 383
최훼불정摧毁佛頂 384

출현지보살出現智菩薩 384
출현지보살, 2시자出現智菩薩, 二侍者 385
칠구지불모七俱胝佛母 385
칠성여의륜七星如意輪 386

택열지금강보살擇悅持金剛菩薩 387

파소선婆蘇仙·공덕천功德天·공양선供養仙·공양선
　供養仙 377
파악취보살破惡趣菩薩 387
팔비불공견색八臂不空羂索 388
팔자문수八字文殊 389
풍재보살豊財菩薩 390
피엽의被葉衣 390
피엽의보살披葉衣菩薩 391

항삼세금강보살降三世金剛菩薩 391
행혜보살, 2시자行慧菩薩, 二侍者 392
향상보살香象菩薩 392, 393, 429
향왕보살香王菩薩 394, 395
허공고보살虛空庫菩薩 396
허공무구금강보살虛空無垢金剛菩薩 396
허공무구보살虛空無垢菩薩 397
허공무구보살, 3시자虛空無垢菩薩, 三侍者 397
허공보집금강보살虛空步執金剛菩薩 398
허공안虛空眼 399
허공장보살虛空藏菩薩 399~404
허공혜보살虛空慧菩薩 405, 430
허공혜보살, 2시자虛空慧菩薩, 二侍者 405
현호보살賢護菩薩 406, 407, 431

● 한국밀교문화총서 1 - 한국의 육자진언

● 한국밀교문화총서 2 - 한국의 입체만다라

● 한국밀교문화총서 3 - 한국의 전승진언

● 한국밀교문화총서 4 - 한역대장경 밀교부 경전 해제(고려대장경內)

● 한국밀교문화총서 5 - 한역대장경 밀교부 경전 해제(고려대장경外)

● 한국밀교문화총서 6 - 한국의 밀교관련 경전 문헌 총목록

● 한국밀교문화총서 7 - 일본의 밀교관련 논문 저서 총목록

● 한국밀교문화총서 8 - 밀교학연구

● 한국밀교문화총서 9 - 진언집성사전

● 한국밀교문화총서 10 - 한국 비로자나불 연구 (불상)

● 한국밀교문화총서 11 - 한국 비로자나불 연구 (벽화, 불화)

● 한국밀교문화총서 12 - 한국고대밀교사

● 한국밀교문화총서 13 - 한국중세밀교사

● 한국밀교문화총서 14 - 망월사본 진언집 연구

● 한국밀교문화총서 15 - 밀교의식의 전통과 전개 양상

● 한국밀교문화총서 16 - 금강계만다라 도전

● 한국밀교문화총서 17 - 밀교예술과 도상(티베트편)

● 한국밀교문화총서 18 - 한국근세밀교사

● 한국밀교문화총서 19 - 한국현대밀교사

● 한국밀교문화총서 20 - 한국현대밀교 교단연구

● 한국밀교문화총서 21 - 한국현대밀교 인물평전

● 한국밀교문화총서 22 - 진각밀교의 교리와 신행 上권

● 한국밀교문화총서 23 - 진각밀교의 교리와 신행 下권

● 한국밀교문화총서 24 - 한국밀교문헌자료총록 上권

● 한국밀교문화총서 25 - 한국밀교문헌자료총록 下권

● 한국밀교문화총서 26 - 밀교도상 연구 I (佛과 菩薩)

● 한국밀교문화총서 27 - 밀교도상 연구 II (明王과 天神)

● 한국밀교문화총서 28 - 금강계만다라삼십칠존

● 한국밀교문화총서 29 - 밀교의 진호국가와 문두루법

**한국밀교문화총서**

| | |
|---|---|
| 사업단장 | : 김봉갑 (회성: 진각종 통리원장) |
| 진언문화 연구분과장 | : 한진희 (법경 : 진각종 교법연구실장) |
| 진언문화 연구분과원 | : 허일범 (귀정 : 진각대학원 교수) |
| 한국밀교문화총람사업단 자문위원 | : 김무생 (경정 : 전 위덕대학교 불교학과 교수) |
| | 권영택 (덕일 : 전 위덕대학교 불교학과 교수) |
| | 서윤길 (동국대학교 명예교수) |
| | 전동혁 (종석스님 : 전 중앙승가대학교 교수) |

한국밀교문화총서 ㉖
**밀교도상 연구 I** (佛과 菩薩)

1판 1쇄 2019년 12월 20일 펴냄

펴낸이 | 대한불교진각종 밀교문화총람사업단
지은이 | 허일범
펴낸곳 | 도서출판진각종해인행
　　　　출판신고번호 제307-2001-000026호
　　　　서울특별시 성북구 화랑로13길 17
　　　　대표전화 02-913-0751

copyright ⓒ 대한불교진각종 밀교문화총람사업단
ISBN 978-89-89228-60-8 94220
　　　978-89-89228-39-4 (세트)

값 70,000

*이 책은 문화체육관광부 지원으로 제작되었습니다.